Le magasin général

de Rennay Craats

Weigl

Publié par Weigl Educational Publishers Limited
6325-10th Street S.E.
Calgary, Alberta
Canada T2H 2Z9
Site web : www.weigl.ca

Catalogage avant publication de Bibliothèque et Archives Canada

Craats, Rennay, 1973-
    Le magasin général / Rennay Craats ; traduction de Tanjah Karvonen.

(Le début de la colonie)
Comprend un index.
Traduction de: The general store.
ISBN 978-1-77071-420-5

Dans notre travail d'édition
nous recevons le soutien
financier du gouvernement
du Canada par l'entremise du
Fonds du livre du Canada.

    1. Magasins généraux--Canada--Histoire--Ouvrages pour la jeunesse.
2. Vie des pionniers--Canada--Ouvrages pour la jeunesse. I. Karvonen,
Tanjah II. Titre. III. Collection: Début de la colonie

HF5429.6.C3C7314 2011   j381'.140971   C2011-904586-9

Imprimé et relié aux États-Unis d'Amérique
1 2 3 4 5 6 7 8 9 0 15 14 13 12 11

072011
WEP040711

Générique photographique
Tous les efforts raisonnables ont été mis en œuvre
pour déterminer la propriété du matériel protégé par
les droits d'auteur et obtenir l'autorisation de le
reproduire. N'hésitez pas à faire part à l'équipe
de rédaction de toute erreur ou omission, ce qui
permettra de corriger les futures éditions.

Les Archives de l'Ontario (Les frères Bartle /
10002513) pages 1, 6 ; Ellen Bryan : pages 3T, 10 ;
le Musée des sciences et de la technologie du
Canada : page 14T ; Comstock, Inc. : page 19 ;
Corbis Corporation : page 20 ; Karen
Crawford/Daystar Images : page 23R ;
les Archives Glenbow : pages 8 (NC-60-76),
11 (NA-3626-1), 15M (NA-2717-3), 15B (NA-849-12),
16 (NC-43-12) ; le Musée de la Nouvelle-Écosse :
page 18 (P270.123) ; photocanada.com : pages 5,
14B, 15T ; Photos.com : pages 3B, 13T, 13B ;
le Conseil des archives de la Saskatchewan : page 7 ;
Tina Schwartzenberger : pages 4, 9, 12, 23L.

Coordonnatrice de
projet
Tina Schwartzenberger

Conception
Janine Vangool

Mise en pages
Bryan Pezzi

Réviseure
Wendy Cosh

Recherche de photos
Ellen Bryan
Barbara Hoffman

Traduction
Tanjah Karvonen

Table des matières

Introduction

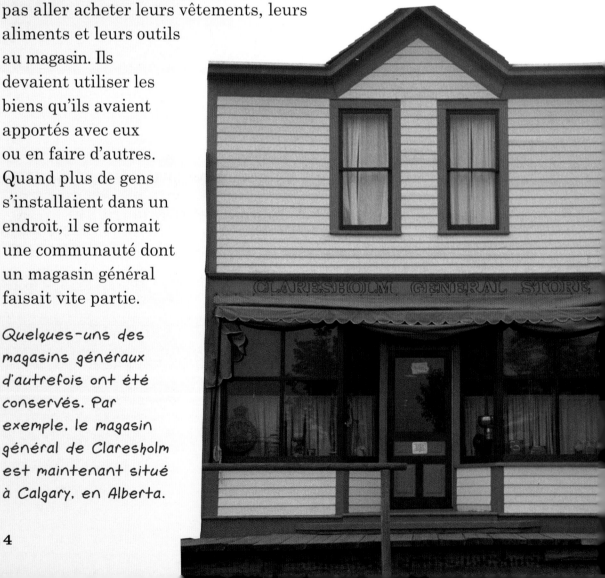

Les premiers colons du Canada partaient souvent de leurs pays avec peu de choses. Ils arrivaient dans une terre sauvage et devaient créer leurs fermes. Ils ne pouvaient pas aller acheter leurs vêtements, leurs aliments et leurs outils au magasin. Ils devaient utiliser les biens qu'ils avaient apportés avec eux ou en faire d'autres. Quand plus de gens s'installaient dans un endroit, il se formait une communauté dont un magasin général faisait vite partie.

Quelques-uns des magasins généraux d'autrefois ont été conservés. Par exemple, le magasin général de Claresholm est maintenant situé à Calgary, en Alberta.

4

Les gens qui allaient au magasin général du village appréciaient le changement que cette sortie apportait au rude travail de la ferme.

Les pionniers canadiens avaient besoin du magasin général pour tout, de la nourriture aux souliers. Ces magasins sont **devenus les centres** des premiers villages canadiens. Plusieurs gens prenaient toute la journée pour y aller. Quelques-uns passaient même une nuit au village pour l'occasion. C'était une vraie **excursion**. Les familles de pionniers avvaient souvent hâte d'« aller au village ». C'est là que les gens apprenaient les dernières nouvelles et visitaient leurs amis. Ils achetaient aussi les provisions dont ils auraient besoin dans les semaines à venir.

Saviez-vous que :

Les marchands étaient une bonne source d'information, que ce soit **des rumeurs** ou des faits. Les gens du village et les voyageurs allaient au magasin général pour visiter autant que pour faire leurs achats.

Les tentes, les rondins et les fausses façades

A u début, les magasins généraux étaient parfois seulement des tentes et des caisses d'emballage. À mesure qu'une communauté s'établissait, les marchands construisaient des édifices permanents. La plupart des magasins généraux étaient d'abord de petites cabanes de bois rond. Quand le commerce augmentait, les propriétaires agrandissaient les magasins. Les magasins—surtout de l'ouest du Canada—avaient souvent des fausses façades avec le nom du propriétaire en grosses lettres sur le signe du magasin.

Les fausses façades des magasins généraux étaient de mode au Canada à partir de 1849.

Les magasins de la Compagnie de la Baie d'Hudson ont été créés pour que les colons et les autochtones du Canada s'échangent des produits.

Plusieurs des premiers magasins généraux étaient associés à la Compagnie de la Baie d'Hudson. Ces magasins n'étaient pas suffisants pour combler les besoins des communautés grandissantes. Des familles à travers le pays ont commencé à ouvrir leurs propres magasins. La plupart des magasins étaient construits le long du chemin de fer pour pouvoir servir plus de clients.

Saviez-vous que :

Les premiers magasins du Canada étaient des postes de traite qui faisaient le commerce surtout avec les autochtones du Canada. Les postes de traite étaient construits près des rivières et des lacs pour faciliter le transport des produits.

Information de première main :

Les premiers magasins généraux étaient très différents des magasins où nous faisons nos achats aujourd'hui. Voici comment un pionnier se rappelle des magasins généraux.

On peut dire que les vieux magasins généraux étaient sombres et rebutants et même pas propres selon nos standards. Ces magasins étaient situés surtout dans des édifices à deux étages avec un appartement en haut où vivaient les propriétaires ou des locataires. Dans certains cas, il y avait des gens qui vivaient en arrière du magasin.

7

Les marchands

La plupart des magasins généraux étaient des commerces de famille. Quand la famille s'agrandissait, le commerce pouvait s'agrandir aussi. Même quand plusieurs membres de la famille aidaient, il fallait travailler de l'aube au crépuscule pour que le commerce aille bien. Les marchands savaient que la communauté dépendait d'eux pour **importer** les provisions nécessaires, telles le café, le tissu, la farine et le sucre.

Le marchand propriétaire du magasin général connaissait tout le monde de la communauté, car ils venaient tous au magasin.

8

Les tablettes derrière le comptoir du magasin contenaient les produits en conserve et d'autres items en vente.

Les marchands canadiens avaient plusieurs responsabilités. Ils étaient comptables, banquiers, marchands et commis. Ils travaillaient de longues heures mais ne gagnaient pas beaucoup d'argent. Les marchands tenaient leurs magasins parce qu'ils aimaient les gens de leur communauté. C'est surtout à cause de la générosité et de la bonté des marchands que plusieurs familles n'ont pas eu faim quand elles n'étaient pas capables de payer leurs factures.

Information de première main:

Un marchand de Fort Langley, en Colombie-Britannique se rappelle des items qui se vendaient le mieux en 1858.

Les articles les plus en demande étaient les couvertures et les vêtements de laine, les chaudrons et poêles à frire, les outils de miniers tels les bassins et les pics et les provisions telles la farine, le bacon, les fèves et la mélasse.

La farine et le tissu

Les pionniers canadiens achetaient des vêtements, de l'équipement de ferme, de la viande fraîche et d'autres articles d'épicerie au magasin général. Mais le magasin était un endroit où on faisait plus que des achats. C'était le cœur de la communauté. Les gens se rencontraient au magasin général. Le bureau de poste était souvent situé là aussi. Les gens y laissaient leurs lettres et leurs paquets pour la parenté ailleurs au Canada.

À mesure que la communauté s'agrandissait, le magasin général commença à offrir une plus grande variété de produits.

En l'année 1900, on trouvait dans certains magasins l'équipement de télégraphie du village. Au moyen d'impulsions électroniques transmises par un fil, un télégraphe envoie des messages à longue distance.

Plusieurs des besoins de la communauté étaient satisfaits au magasin général. Les nouveaux villages n'avaient pas toujours des écoles, alors on utilisait le magasin comme école jusqu'à ce qu'une école soit construite. Les visiteurs et nouveaux arrivants pouvaient même dormir dans la boutique jusqu'à ce qu'ils aient leur propre maison.

Information de première main :

Un des premiers pionniers se rappelle que les gens laissaient des colis pour les autres au magasin général.

(Les magasins généraux) étaient aussi des endroits où on pouvait laisser des paquets pour les autres. Si une dame voulait envoyer une robe à sa fille qui vivait assez loin, elle l'envoyait au magasin général et la première personne qui passerait par l'endroit la livrerait. Les magasins ressemblaient parfois à des salles de bagages.

Les outils du marchand

Chaque jour, les marchands se servaient de plusieurs outils, mais ces outils n'étaient pas les mêmes que ceux qu'on utilise maintenant dans les magasins. Les marchands d'autrefois n'avaient pas de lecteurs qui disaient le prix d'un item ou d'ordinateurs qui additionnaient le coût d'un achat. Les outils étaient simples.

Les boîtes de monnaie

Au début, les marchands gardaient leur monnaie dans des boîtes en bois et, plus tard, dans des cabinets en métal. Ces cabinets avaient des tiroirs pour les pièces de monnaie et les billets d'argent. Ils ont été remplacés par des caisses enregistreuses. Les boutons des caisses montraient les montants d'argent et le marchand pouvait voir le montant total que le client lui devait. Ces caisses enregistreuses sont devenues éventuellement les systèmes informatiques que l'on utilise dans plusieurs des magasins d'aujourd'hui.

Les livres de compte

Les marchands gardaient des **grands livres**. Chaque client avait un compte au magasin. Ce compte était inscrit dans le grand livre. Les marchands regardaient souvent les comptes du grand livre pour s'assurer qu'aucun client ne devait trop d'argent. Les grands livres servaient aussi à contrôler les ventes et **l'inventaire**.

Les balances

Plusieurs produits, tels la farine et les épices, étaient achetés en vrac et vendus au poids. Les marchands pouvaient donner un estimé du poids d'un produit en le pesant avec les mains. Mais les balances aidaient le marchand à donner au client le montant exact d'un produit. On utilisait des balances différentes pour peser le courrier, les aliments et les produits de quincaillerie tels les clous.

Un jour dans la vie

La plupart des marchands et leurs familles vivaient au-dessus ou en arrière du magasin. Voici ce à quoi ressemblait une journée typique d'un marchand du temps des pionniers.

7 h 00

Les marchands commençaient à travailler tôt le matin. Une fois les portes ouvertes, toute la famille participait aux tâches. Une des premières tâches était de livrer le courrier à la gare. Une fois l'horaire des trains établi, des horaires étaient mis en place pour le courrier. Les marchands se dépêchaient pour apporter les sacs de lettres et les paquets à temps pour le train du matin.

8 h 00

Vers les 8 h 00, le marchand en était déjà à couper et corder du bois en arrière du magasin. Il coupait du bois pour chauffer son magasin et pour vendre à ses clients pendant l'année. La femme du marchand passait souvent toute la journée derrière le comptoir. Quand il faisait froid, sa première tâche était d'allumer le feu dans le poêle. Elle gardait le feu allumé toute la journée. S'il n'y avait pas de clients qui attendaient quand elle ouvrait le magasin, la dame du magasin remplissait et organisait les tablettes.

Midi

L'homme et la femme du magasin mangeaient séparément parce qu'il devait toujours y avoir quelqu'un au magasin. Après le repas, l'homme faisait la livraison des provisions à ceux qui ne pouvaient pas les transporter eux-mêmes. La femme continuait de peser les produits, d'accepter les items pour le crédit, d'entrer les items à crédit dans le grand livre et de nettoyer les dégâts.

16 h 00

Les enfants du marchand revenaient de l'école à environ 16 h 00. Ils balayaient le plancher et époussetaient les tablettes et les comptoirs. Ils remplissaient aussi les tablettes de marchandise. On comptait sur les enfants pour empaqueter les aliments tels que les dattes, les flocons d'avoine et le sucre. L'homme se dépêchait souvent pour aller rencontrer le train de l'après-midi. Il ramassait les lettres et les colis et les ramenait au magasin.

18 h 00

La famille ne mangeait pas le souper ensemble parce que quelqu'un devait rester au magasin pour servir les clients. Quand il y avait peu de clients, on avait plus de temps pour le souper. Mais souvent on soupait vite et tous retournaient travailler.

L'argent comptant, le crédit ou les cultures ?

Les pionniers essayaient d'élever ou de faire pousser presque tous leurs aliments. Mais ils devaient acheter certains items tels le café et les souliers, qu'ils ne pouvaient pas cultiver ou faire eux-mêmes. Les clients faisaient des échanges avec les marchands pour ces items. Cet échange s'appelle **le troc**. Les fermiers **barattaient** du beurre et ramassaient des œufs de surplus pout faire du troc.

Au magasin général, on échangeait surtout du beurre et des œufs pour du sucre et de la farine.

Les marchands n'étaient pas les seuls pionniers qui étaient payés avec du beurre et des œufs. Par exemple, un fermier pouvait acheter du bois d'un moulin à scie en payant avec du beurre et de la farine. Le propriétaire du moulin payait alors ses employés avec ces produits. On apportait souvent le surplus au magasin général et on l'échangeait pour des items essentiels. Et les marchands payaient alors les provisions qu'ils achetaient pour le magasin avec ces items.

Le troc était difficile pour les marchands. Il fallait du temps pour décider de la valeur d'un item et il fallait trouver un endroit pour mettre ces items jusqu'à ce qu'ils soient utilisés ou vendus. Parfois, l'échange n'était pas juste. Le client pouvait avoir apporté plus de poules ou de grain que ce qu'il devait. Le marchand gardait ces items et entrait un crédit au compte du client. Quand le client venait faire d'autres achats au magasin, ce crédit servait à payer ses achats. Même si l'échange ou le troc n'était pas facile, la plupart des marchands étaient contents de faire des affaires.

Information de première main:

Un marchand de l'Ontario raconte ses souvenirs du système de troc. Quelques paiements hors de l'ordinaire lui reviennent à la mémoire.

Durant ces années, j'ai pris trente-deux vaches 'à compte', je les ai louées à des fermiers puis je les ai vendues plus tard quand les prix avaient augmenté. J'ai aussi pris douze chevaux et poulains 'à compte' et des cochons et des dindes. On n'utilisait presque pas d'argent, on s'échangeait des choses, on prenait ce qu'on pouvait avoir.

Les rassemblements au magasin général

Les pionniers **se rassemblaient** souvent au magasin général. Les hommes s'assoyeaient sur des caisses renversées, des bancs ou des barils. D'autres se tenaient contre le comptoir et discutaient des événements récents. Quelqu'un sortait bientôt le damier et on commençait une partie. Le poêle était le centre du magasin. Pendant les jours froids, les gens s'y arrêtaient pour se réchauffer. C'était un endroit pour se rassembler, raconter des histoires et parler aux voisins.

John et Samuel Cumminger étaient propriétaires du magasin général de Sherbrooke, en Nouvelle-Écosse. Tout comme d'autres propriétaires de magasin, les frères étaient des membres importants de leur communauté.

Les sapins de Noël étaient une autre manière de mettre la joie de Noël au magasin général.

Information de première main:

Une pionnière canadienne se rappelle que son grand-père adorait visiter le magasin général.

Grand-papa, quand il n'était pas sur les bateaux, allait au magasin de Harwood tous les soirs. Certains hommes faisaient le magasinage. Maman, je ne pense pas qu'elle est allée au magasin une demi-douzaine de fois. Grand-papa y allait, s'assoyait et parlait, puis il revenait à la maison avec les histoires...

Saviez-vous que :

Les lettres qui venaient de la parenté éloignée causaient beaucoup d'excitation. Quand le marchand apportait le lourd sac de poste au magasin, tous se rapprochaient pour voir qui recevrait du courrier.

Noël était une période spéciale de l'année au magasin général. Plusieurs clients visitaient le magasin. Les marchands vendaient des items spéciaux pour donner en cadeaux. Ils avaient aussi commandé les ingrédients spéciaux dont on avait besoin pour les repas du temps des fêtes. C'était au magasin général que les gens du village s'assemblaient pour se souhaiter 'Joyeux Noël !' Plusieurs marchands suspendaient des décorations de Noël spéciales. Pendant le temps des fêtes, le magasin était un endroit joyeux.

Les magasins généraux du passé et d'aujourd'hui

Avec les années, les villages grandissaient et plusieurs magasins généraux ne pouvaient pas continuer leur commerce. De grandes compagnies ouvraient des magasins qui offraient de la marchandise à plus bas prix. Certains magasins se spécialisaient - dans les outils par exemple. Aujourd'hui, il reste très peu de magasins généraux. Les gens achètent leur nourriture, leurs vêtements et leurs outils aux épiceries et aux centres d'achats.

Inventaire

Lesquels des items de la liste ci-dessous trouveriez-vous dans les magasins généraux de la colonie et les épiceries d'aujourd'hui ? Quels items trouveriez-vous seulement dans les magasins généraux du début de la colonie ?

du bois

des bonbons

du café

des clous

le courrier

de l'équipement de ferme

de la farine

des œufs

des souliers

des vêtements

La plupart des familles d'aujourd'hui achètent leur nourriture aux épiceries. Les gens ne font pas d'échanges mais ils vont souvent au magasin en famille.

PASSÉ

Les magasins généraux du passé

- Édifices petits et simples
- Souvent le seul magasin au village
- Acceptent l'échange ou le crédit pour les achats
- Toute la famille travaille au magasin
- Chauffés avec des poêles
- Places de rassemblement de la communauté
- Clients voyagent de longues distances pour venir au magasin

- Offrent une variété de provisions
- Magasins ouverts de longues heures
- Inscrivent les achats dans le grand livre
- Quelqu'un se tient debout derrière le comptoir pour finaliser les achats

AUJOURD'HUI

Les magasins d'aujourd'hui

- Grands édifices
- Propriétaires ne connaissent pas souvent les clients personnellement
- Systèmes d'informatique aident à contrôler les ventes et l'inventaire
- Plusieurs autres magasins à proximité
- Les commis de comptoir ne sont pas d'habitude membres de la famille du propriétaire
- Quelques-uns offrent le magasinage sur Internet

DIAGRAMME

Il y a plusieurs différences entre les magasins généraux du passé et ceux d'aujourd'hui. Il y a aussi des similarités entre les deux. Le diagramme de gauche compare ces similarités et différences. Copiez-le dans votre cahier. Essayez de penser à d'autres similarités et différences pour ajouter au diagramme.

Comme vous le voyez, les magasins d'aujourd'hui ont des choses en commun avec ceux d'il y a 100 ans.

21

La sauvegarde du passé

Aujourd'hui, plusieurs sociétés historiques veulent conserver les magasins généraux. Elles recréent ce à quoi ressemblaient les magasins généraux du temps des pionniers. Certains magasins sont devenus des musées de pionniers pour rappeler la vie du début de la colonie. D'autres ont gardé une apparence **authentique** à l'extérieur mais sont modernes à l'intérieur. Voici quelques magasins généraux canadiens qui sont des musées, des sites historiques et des magasins.

1 **Kilby Historic Store and Farm**
Harrison Mills, C-B

2 **H. Kershaw & Son General Store and Post Office**
Fort Steele Heritage Town, Fort Steele, C-B

3 **Claresholm General Store**
Heritage Park Historical Village, Calgary, AB

4 **General Store on Boomtown Street**
Western Development Museum, Saskatoon, SK

5 **Commanda General Store**
Commanda, ON

6 **General Store**
Southwestern Ontario Heritage Village, Essex, ON

7 **General Store**
Westfield Heritage Village, Hamilton, ON

8 **Magasin général Le Brun**
Trois-Rivières, QC

9 **Magasin général Hodges**
Musée Missisquoi, Stanbridge Est, QC

10 **Barbour's General Store**
Saint-Jean, N-B

11 **Cumminger Brothers General Store**
Sherbrooke Village, Sherbrooke, N-É

12 **The Old General Store**
Murray River, Î-P-É

13 **Kean's General Store**
Brookfield, T-N-et-L

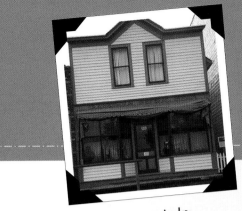

Claresholm
General Store

H. Kershaw & Son General
Store and Post Office

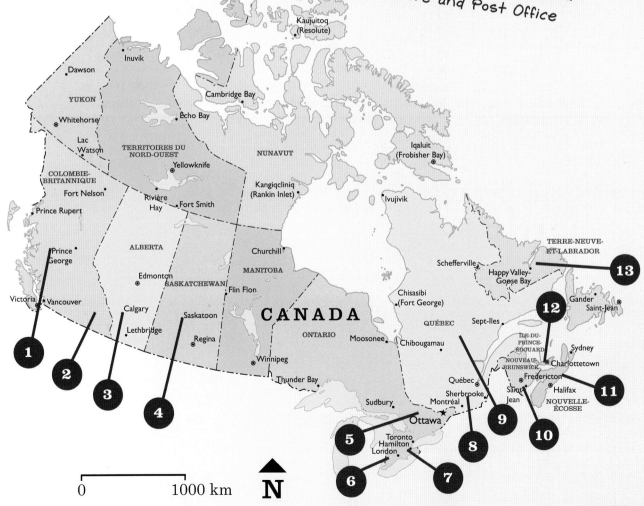

0   1000 km

N

Glossaire

authentique : réel, vrai

baratté : du lait fouetté pour faire du beurre

centre : le point central d'activités

devenu : développé graduellement avec le temps

excursion : une sortie ou un voyage aller-retour

grand livre : un livre qui sert à enregistrer les transactions d'argent

importer : faire venir des provisions d'autres pays pour les utiliser ou les vendre

inventaire : une liste détaillée de produits et leur valeur

rumeur : une conversation au sujet des événements et de la vie de d'autres personnes

se rassembler : se réunir

troc : un échange de produits pour d'autres produits (par exemple, des œufs pour du tissu)

Index